Ogromna rzepa

The Giant Turnip

Adapted by Henriette Barkow

Illustrated by Richard Johnson

Mantra Lingua

Każdego roku dzieci z klasy pani Miodkowskiej
uprawiają owoce i jarzyny na szkolnej działce.

Every year the children in Miss Honeywood's class grow
some fruit and vegetables in the school garden.

W tym roku zdecydowały się zasiać   This year they decided to grow

sałatę,   rzodkiewki,   marchewkę,   pomidory,

lettuces,   **radishes,**   **carrots,**   **tomatoes,**

      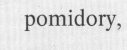   

słoneczniki,   groszek   i rzepę.

sunflowers,   **peas**   **and turnips.**

Wczesną wiosną dzieci przygotowały ziemię pod uprawę: najpierw spulchniły ją, a potem zagrabiły.

In early spring the children prepared the ground by digging and raking the soil.

Później na wiosnę, kiedy uprawom nie zagrażały już przymrozki, dzieci zasiały nasiona.

Later in the spring, when there was no danger of frost, they planted the seeds.

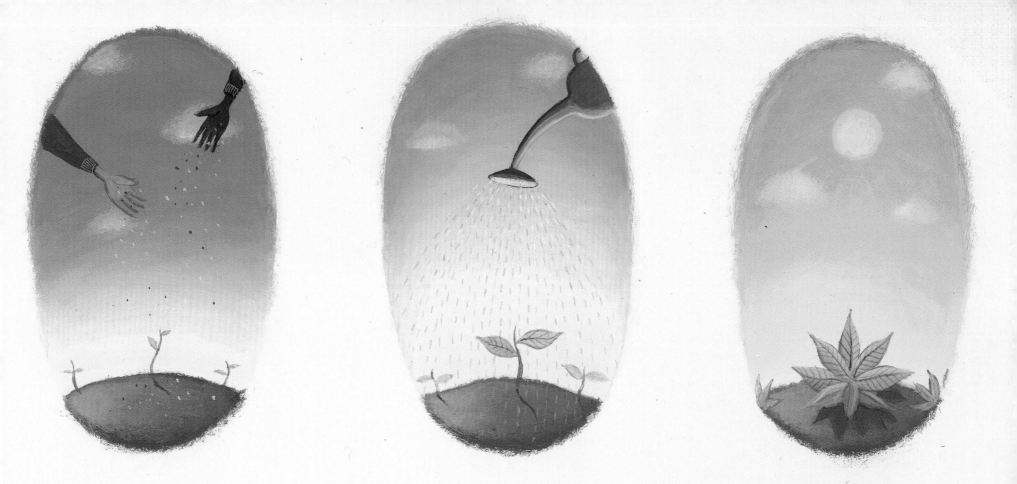

Latem dzieci dostarczały swoim roślinkom nawozu i wody,
wyrywając wszystkie chwasty.

In the summer the children fed
and watered the plants.
And pulled out all the weeds.

Kiedy po wakacjach dzieci powróciły do szkoły okazało się, że wszystkie owoce i jarzyny ładnie wyrosły.

When the children came back, after their summer holiday, they found that all the fruit and vegetables had grown.

Jednak podchodząc do grządki z rzepą, dzieci nie mogły oczom uwierzyć! Ich rzepa była wyższa od żyrafy i grubsza od słonia.

But when they saw the turnip, they could hardly believe their eyes! It was taller than a giraffe, and wider than an elephant.

Kiedy pani Miodkowska opamiętała się z szoku, spytała: - Jak my taką rzepę wyciągniemy?

When Miss Honeywood had recovered from the shock, she asked, "How are we going to get the turnip out?"

- Proszę pani, ja wiem jak: sprowadźmy helikopter, który wyrwie ją z ziemi! - powiedział Kieran.

"I know, we could get a helicopter to pull it out," said Kieran.

- Albo moglibyśmy skorzystać z dźwigu, który ją wyciągnie! - zaproponował Taryk.

"Or we could get a crane to lift it," suggested Tariq.

- Albo zamówić buldożer,
który ją wykopie! - dodała Kasia.

"Or a bulldozer to dig it up,"
said Kate.

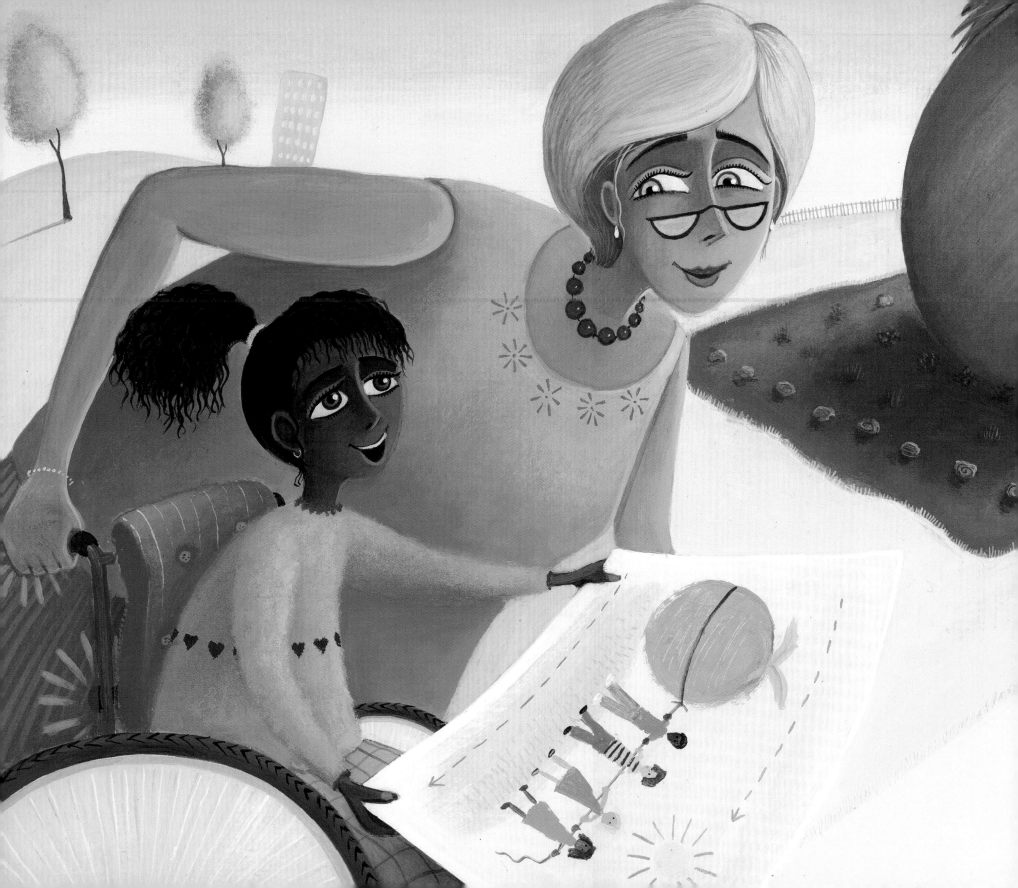

- Moglibyśmy też zawiązać wokół niej sznur i wszyscy za niego pociągnąć - zgłosiła się Samira.
- O, to jest dobry pomysł - powiedziała pani Miodkowska - Leoś i Michał, przynieście długi sznur.

"We could tie a rope around it and all pull together," suggested Samira. "That's a good idea," said Miss Honeywood. "Lee and Michael, go and get the long rope."

Dzieci obwiązały swoją gigantyczną rzepę, a chłopcy zaraz chwycili za sznur. Ciągną i ciągną z całych sił... bez wyniku.

The children tied the rope around the enormous turnip. The boys grabbed the rope first. They pulled and pulled with all their strength but nothing happened.

- My mamy więcej sił, niż chłopcy! -
zawołały dziewczynki i złapały za sznur.
Ciągną i ciągną z całych sił, a rzepa
ani drgnie.

"We're stronger than the boys!"
shouted the girls and they grabbed
the rope.
They pulled and pulled with all their
strength but still the turnip would
not move.

- Spróbujmy pociągnąć wszyscy razem - zaproponowała pani Miodkowska. - Policzmy do trzech.
- Raz, dwa i trzyyyy! - wykrzyknęły dzieci i pociągnęły wszystkie razem.

"Let's all try together," suggested Miss Honeywood. "On the count of three."
"One, two, three!" shouted the children and they all pulled together.

Rzepa stała jednak twardo i ani drgnęła.

But the turnip still would not move.

I właśnie wtedy przybiegł Larry.
- Larry! - zawołał Taryk - Chodź tu, jesteś
nam potrzebny!
Larry podbiegł do końca szeregu i złapał
za sznur.
- Raz, dwa i trzyyyy! - wykrzyknęły dzieci
i pociągnęły wszystkie razem.

Just then Larry arrived.
"Larry!" shouted Tariq. "We need your help!"
Larry ran to the end of the line and grabbed
the rope.
"One, two, three!" shouted the children and
they all pulled together.

Rzepa zachwiała się w tę i w tamtą stronę, po czym powoli zaczęła wychodzić z ziemi. Wtedy wszyscy pociągnęli jeszcze mocniej i w końcu rzepa wytoczyła się ze swojego dołka na trawę. Cała klasa zaczęła radośnie wiwatować i tańczyć koło rzepy.

The turnip wobbled this way and that, and then it slowly moved. They pulled even harder and at last the turnip rolled out of its hole and onto the grass. The class cheered and danced around with joy.

Następnego dnia klasa pani Miodkowskiej zgotowała sobie największą w historii rzepową ucztę: takiego obiadu jeszcze nie było! A zostało tyle, że wystarczyło na obiad dla całej szkoły.

The next day for lunch Miss Honeywood's class had the biggest turnip feast ever! And there was enough left over for the whole school.

To Mum, Dad, Maggie & Ben
H.B.

For Sushila
R.J.

First published in 2001 by Mantra Lingua Ltd
Global House, 303 Ballards Lane
London N12 8NP
www.mantralingua.com

A CIP record for this book is available from the British Library